7 Minuten-Geschichten zum Lesenlernen

Im Galopp ins Ponyglück

www.leseloewen.de

ISBN 978-3-7432-1527-6
1. Auflage 2023
© 2023 Loewe Verlag GmbH, Bühlstraße 4, D-95463 Bindlach
Inhalte aus Einzelausgaben der Reihen *Lesetiger* und *Lesepiraten*
© 2001–2015 Loewe Verlag GmbH, Bühlstraße 4, D-95463 Bindlach
Umschlagillustration: Isabelle Göntgen
Umschlaggestaltung: Ramona Karl
Printed in the EU

www.loewe-verlag.de

Inhalt

Romy weiß, was sie will

„Warum wird Romy verkauft?",
fragt Tina.

„Der Hof braucht das Geld",
sagt Herr Rondorf,
der Besitzer des Ponyhofs.
Tina ist traurig.

Heute kommt der Käufer.
Tina bürstet Romys Fell
ein letztes Mal.

Eine Träne tropft auf die Hand,
die den Striegel hält.

Doch dann kommt alles anders.
Romy wehrt sich,
als sie in den Anhänger soll.

Sie reißt sich los
und galoppiert davon.
Der neue Besitzer stöhnt:
„Ich habe nicht viel Zeit!"

Am Abend im Bett
denkt Tina an Romy.
Wo das Pony wohl ist?

Da hört sie ein Schnauben.
Vor ihrem Fenster steht Romy!
Tina ist überglücklich.

Am nächsten Nachmittag
kommt der Käufer wieder.
Doch Romy will immer noch nicht
in den Anhänger.

Sie schlägt aus und beißt.
„Miststück!", knurrt der Käufer.
Wieder läuft Romy weg.

Am nächsten Morgen
steht Romy friedlich grasend
im Garten von Tinas Eltern.

„Kann Romy nicht hierbleiben?",
fragt Tina ihren Vater.
Der Vater denkt nach.

Am Nachmittag kommt der Käufer
ein drittes Mal.

Romys Augen sind verbunden.
So sieht sie den Anhänger nicht.
Trotzdem wiehert sie nervös.
Tina hat Bauchweh.

„Ich habe nicht viel Zeit!",
ruft der Käufer zur Begrüßung.
„Also, *wir* hätten Zeit!",
hört Tina plötzlich ihren Vater.
„Und wir hätten gern ein Pony!"
Er zwinkert Tina zu.
Tina jubelt.

Ein glücklicher Gewinner

Heute wird
auf dem Ponyhof Paulsen
ein großes Fest gefeiert.

Alle sind froh und aufgeregt.
Nur Jannis striegelt traurig
seine kleine Schecke Flo.

„Was ist denn mit dir los?",
fragt Lea,
die Pferdepflegerin.

Jannis schluckt.
„Ich bin heute zum letzten Mal hier.
Mama sagt, die Reitstunden
sind zu teuer für uns."

Oje! Lea möchte
Jannis gerne helfen.
Aber wie?

Lea geht
zu Herrn Paulsen.
Und der hat eine
Idee!

Nach den Vorführungen der Reiter beginnt die große Tombola.

„Komm, Jannis,
zieh auch ein Los!",
ruft Lea fröhlich.

„Ich habe ja doch nie Glück",
seufzt Jannis.
„Dann ziehe ich für dich."
Lea lacht und greift
auch schon zu.

Gespannt öffnet Jannis sein Los.
Seine Augen werden riesengroß.

Und dann fällt er Lea
mit einem Jubelschrei
um den Hals.

„Zehn Reitstunden, Lea!
Ich habe
Reitstunden gewonnen!!!"

„Das war nett von Ihnen",
sagt Lea später.
Herr Paulsen lächelt.
„Für einen Pferdejungen wie Jannis
finden wir immer eine Lösung."
Und wo steckt Jannis nun?

Natürlich bei
seiner Ponystute Flo!

Ein Pony beim Frisör

Lauras Pony heißt Maja.
Maja hat glänzendes,
goldbraunes Fell,
eine weißblonde Mähne
– genau wie Laura –
und einen langen, lockigen
Schweif.

In den Sommerferien
muss Laura mit ihren Eltern
nach Italien fahren.
Drei Wochen ohne Maja!
Wie soll sie das aushalten?

Die ganze Zeit
freut sich Laura
auf zu Hause – und auf Maja!
Aber als sie zur Weide kommt,
erkennt sie Maja kaum wieder.

Majas sonst glänzendes Fell
ist stumpf und staubig.
Ihre Mähne ist verfilzt.
Und im langen Schweif hängen
Kletten, Gras und Zweige.
„Höchste Zeit für ein Bad!",
sagt Laura entschlossen.

Sie geht mit Maja
im Waldsee schwimmen.
Danach striegelt sie ihr Pony,
bis das Fell seidig schimmert.
Doch die Knoten und Kletten
in Schweif und Mähne
bekommt Laura einfach nicht raus.
„Da hilft nur eins", sagt Laura.

Sie sattelt Maja
und reitet in die Stadt.
Vor dem Frisörsalon Adrian
steigt sie ab
und führt Maja hinein.

„Einmal schneiden, bitte!",
sagt Laura.
„Setz dich", sagt Herr Adrian.
„Das Pony kannst du
im Hof anbinden!"
Laura schüttelt den Kopf.

„Aber Maja braucht doch
den Haarschnitt!", sagt sie.

„Was?", ruft der Frisör.
„Das Pony?
Ich weiß doch gar nicht,
wie Ponys
in diesem Jahr
ihre Mähne tragen!"
„Kurz!", antwortet Laura.
Da muss Herr Adrian lachen.

„Überredet", sagt er.
Und dann schneidet er Maja
die beste Pony-Kurzhaar-Frisur
der ganzen Stadt.

Hamlet wird berühmt

Heute ist Stallfest.
Alle sind gekommen.
Es gibt viel zu erleben.
Wer will,
kann bei Christian
Ponyreiten
oder sich bei Sabrina
im Voltigieren üben.

Für die Profis
gibt es Reiterspiele.
Aber die besondere Attraktion
ist die Western-Show.
Hamlet ist mindestens
genauso nervös
wie Uta, Theresa und Lennert.

Zu dritt galoppieren sie
auf Hamlet in die Halle.
Wilder Applaus empfängt sie.
Die Kinder tragen
Cowboyhüte, Pistolengurte
und was sonst noch
zu einem richtigen Cowboy
gehört.

Westernmusik erklingt.
Die Show beginnt.
Die Kinder springen
in vollem Galopp vom
Pferderücken
und wieder auf.

Sie führen die waghalsigsten
Übungen vor.
Alles läuft perfekt.
Doch dann passiert es!
Theresa steht
auf Lennerts Schultern.
Der steht auf Hamlets Rücken.
Da verliert Theresa
das Gleichgewicht.

Sie stürzt genau
vor Hamlets Vorderhufe.
Lennert springt ab.
Uta schreit auf.
Das Publikum
hält den Atem an.
Aber auf Hamlet ist Verlass.
Er macht einen gewaltigen Satz
über Theresa hinweg.

Alle jubeln erleichtert auf.
Am nächsten Tag
steht ein großer Bericht
in der Zeitung.
Die Überschrift lautet:
Hamlet ist ein Held!

Schöne Ferien!

Papa ist motzig.
Das ganze Jahr über hat er
vom Urlaub am Meer geträumt.
Aber jetzt streiken
seine Zwillinge.
„Wir wollen
auf einen Ponyhof!",
fordert Laura.

„Mindestens zwei Wochen!",
fügt ihre Schwester Jana hinzu.
Mama zuckt mit den Schultern.
„Am Meer waren wir doch schon
im letzten Jahr", sagt sie.
„Ihr immer mit euren Pferden!",
stöhnt Papa.

Aber Laura und Jana
lassen nicht locker.
„Also gut!",
schnauft Papa dann.
„Junge Damen soll man
nicht enttäuschen!"
Begeistert drücken ihm
Jana und Laura
einen Kuss auf die Wange.

Einen Monat später
fahren sie los.
„Warum grinst Papa
so seltsam?",
flüstert Jana im Auto.
Laura wundert sich auch.
„Und Mama zwinkert ihm
immer zu!"
Bestimmt hecken die beiden
etwas aus.

Als sie am Abend ankommen,
tuschelt Papa
mit dem Hofbesitzer.
Schließlich winkt er
die Mädchen in den Stall.
„Hier sind die Pferde",
sagt er und zeigt in eine Box.

Laura und Jana recken sich
und schauen über die Tür.
Muckel und Fonsi
sind unheimlich niedlich.
Aber das andere Pferd ist doch
viel zu groß!

„Auf Rasputin werde ich reiten!",
erklärt Papa stolz.
„Duuuuuuu?",
rufen die Zwillinge erstaunt.
Papa nickt.
„Ja, ich!", sagt er.
„Und Mama bekommt
den Schimmel dahinten!"

Da fallen ihm seine Töchter
um den Hals.
„Papa, du immer
mit deinen Pferden!",
rufen beide im Chor.

Ein Fohlen für Feline

Kurz nach Mitternacht
wird Feline geweckt.
„Es ist so weit", flüstert Mama.

Sofort ist Feline hellwach.
So lange hat sie darauf gewartet!

Schnell läuft sie mit Mama
hinüber zu den Ställen.

Papa spricht
noch mit dem Tierarzt.
Beide lächeln.
Also ist alles gut gegangen!

Auf Zehenspitzen
schleicht Feline
in die Box.

Da steht Ronja,
ihre liebste Ponystute,
und leckt ihr Neugeborenes.

„Es ist ein kleiner Hengst",
sagt Papa leise.

Wie verletzlich
das Fohlen aussieht
mit seinem flaumig-weichen Fell!

Ronja stupst
ihren Sohn zärtlich an.
Sie will ihn ermuntern
aufzustehen.

Tatsächlich:
Jetzt richtet er sich auf.

Seine Beine zittern.
Aber er sucht
das Euter seiner Mutter –
und trinkt.

Feline weiß,
dass sie diesen Moment
nie vergessen wird.
In hundert Jahren nicht!

„Wie soll Ronjas Sohn
eigentlich heißen?",
fragt sie leise.

Mama und Papa lächeln.
„Was hältst du von ‚Felix'?"
Da strahlt Feline
übers ganze Gesicht.

Der Apfeldieb

Elli hat ein Pony.
Es heißt Foxy
und ist braun wie ein Fuchs.

Jeden Nachmittag läuft Elli
zum Ponyhof.
Foxys Box ist die vierte
auf der linken Seite.

Auch heute ist Elli im Stall
und bürstet Foxy.
In seinem Fell ist viel Staub.

Doch was ist das?
War da ein Rascheln?
Elli sieht im Stall nach.
Es ist niemand zu sehen.

Plötzlich hört Elli
eine aufgeregte Stimme.
Das ist Herr Bach.
Ihm gehört der Ponyhof.

Herr Bach kommt auf Elli zu.
Er hat einen leeren Korb
in der Hand.

„Der Apfeldieb war wieder da!",
klagt Herr Bach.
„Drei Äpfel waren im Korb!
Ob Foxy sie gefressen hat?"

Herr Bach schaut Foxy
misstrauisch an.
Foxy schnaubt empört.

Ellis Vater ist Polizist.
Er leiht Elli seine Mütze
und seinen Notizblock.

Elli setzt Foxy die Mütze auf.
Sie selbst zückt den Block.
So werden sie den Dieb fangen!

Elli sucht den Ponyhof ab.
Foxy folgt ihr neugierig.
Der Apfeldieb ist schlau.
Er hinterlässt keine Spuren!

Ellis Vater sagt:
„Ihr müsst die Leute befragen!"

Elli sattelt Foxy.
Zusammen reiten sie durchs Dorf.
Elli fragt den Briefträger.
Und den Milchmann.

Die Eierfrau und den Bäcker.
Keiner hat den Apfeldieb gesehen.

Ellis Vater hat
einen neuen Vorschlag:
„Ihr müsst den Korb beobachten!"

Elli und Foxy warten.
Eine Stunde.
Zwei Stunden.
Bis es Abend ist.

Elli sagt Foxy „Gute Nacht".
Dann geht sie nach Hause.

Am nächsten Tag ruft Herr Bach:
„Der Apfeldieb war wieder da!"
Doch vom Täter keine Spur.
Verflixt!

Elli hat die Hoffnung
schon fast aufgegeben.
Da hört sie drei Tage später
wieder das Rascheln im Stall.

Es kommt aus einer leeren Box!
Foxy schnaubt aufgeregt.

„Wir haben die Apfeldiebe!",
ruft Elli und lacht laut.

Im Stroh liegen drei Igel
und jede Menge Äpfel.
„Ob mein Papa im Gefängnis
noch drei Plätze frei hat?"

Geräusche in der Nacht

Den ganzen Tag
hatte der Wanderritt gedauert.
Bei einem Bauern schlugen
die Reiter ihr Nachtlager auf.
„Bea!",
sagte Herr Jansen,
der Reitlehrer.

„Luftikus kann nicht mit
auf die große Weide.
Er ist viel zu streitsüchtig."
„Ich weiß auch nicht,
was in Luftikus gefahren ist!",
sagte Bea zu Corinna,
während sie Luftikus auf eine
umzäunte Wiese brachten.

„Blümchen benimmt sich
heute auch ganz seltsam",
erzählte Corinna kopfschüttelnd.
„Vielleicht liegt es am Wetter!"
Es war Nacht geworden.
Alle schliefen,
nur Bea und Corinna
beobachteten
noch die Sterne.

Aber plötzlich
zischte Corinna:
„Was war das?"
Bea hatte es auch gehört.
Ein Knacken – ganz leise.
Die Mädchen lauschten.
Da – ein dumpfer Knall.
„Ich hab Angst!",
flüsterte Corinna heiser.

Jetzt hörten sie Schritte.
Sie kamen immer näher.
Die Mädchen umklammerten
sich ganz fest
und kniffen die Augen zu.
Nur Bea blinzelte ein wenig.
„Aber das ist doch Luftikus",
flüsterte sie erstaunt.

Corinna
riss die Augen auf.
„Jetzt weiß ich,
was mit unseren Ponys
los ist!", lachte sie.
„Sie sind verliebt!"
Am Weidezaun
wartete Blümchen.
Luftikus trabte eilig zu ihr.

Er schloss die Augen
und legte seinen Kopf
auf Blümchens Hals.
Die machte es ihm nach.
Und so standen sie
bis zum Morgen
friedlich beieinander.

Schneeflocke – Eine neue Freundin

Endlich Ferien auf dem Ponyhof – wie
lange hat sich Sandra darauf gefreut!

Ihr Pony ist ganz weiß
und heißt Schneeflocke.
Eine Woche lang darf Sandra
es reiten und pflegen.

Ihre Freunde Till und Jana
waren schon oft hier.
Doch für Sandra ist alles neu.

Till und Jana zeigen Sandra,
wie sie das Pony füttern kann.

Vorsichtig streckt Sandra Schneeflocke
eine Handvoll Klee entgegen.

Dann reiten alle zusammen
am Strand entlang.
Sandra ist glücklich.

Aber mitten in der Nacht
bekommt Sandra Heimweh.
Sie schluchzt leise in ihr Kissen.

Sandra schleicht zum Telefon.
Jana und Till sollen nichts merken.

Sie ruft zu Hause an.
Aber ihre Eltern sind nicht da.

Sandra spricht aufs Band:
„Ich will heim!"
Jetzt muss sie
noch mehr weinen.

Sandra will nicht ins Zimmer zurück.
Lieber geht sie in den Stall –
zu Schneeflocke.

Das Pony wiehert leise.
Es freut sich,
Sandra zu sehen.

Sandra lacht und kuschelt sich
an Schneeflockes Hals.
Sie spürt das warme, weiche Fell.

Dann nimmt sich Sandra
Schneeflockes Pferdedecke.
Erschöpft setzt sie sich ins Stroh.

Das Pony schnaubt sanft
in Sandras Nacken.
Endlich schläft Sandra ein.

Am nächsten Morgen wird Sandra
von Mamas Stimme geweckt.

„Sandra! Da bist du ja!",
sagt Mama.
„Komm, wir fahren nach Hause."

„Ich will doch hierbleiben!",
bittet Sandra.

„Aber du hattest doch
solches Heimweh",
sagt Papa erstaunt.

Sandra streichelt
Schneeflockes Mähne:
„Stimmt. Aber das ist jetzt vorbei!"

Wer ist der Möhrendieb?

Förster Krause und Bauer Robe
stehen im Möhrenfeld und
schütteln beide ratlos den Kopf.
Letzte Nacht hat der Möhrendieb
schon wieder zugeschlagen.

„Ein Wildschwein war das nicht",
sagt der Förster.
„Ein Hase auch nicht.
Aber wir werden den Dieb
schon erwischen!
Heute Nacht legen wir uns
auf die Lauer!"

Als es dunkel wird,
warten der Bauer und der Förster
in ihrem Versteck.
Ein Fuchs schleicht vorüber.
Aber der frisst keine Möhren.

Drei Rehe treten
aus dem Wald.
Aber sie haben keinen Appetit
auf Möhren.

Plötzlich
hören die Männer
ein leises Trappeln.
Und dann sehen sie,
wie der Möhrendieb
eine Möhre
nach der anderen
aus der Erde zieht und frisst.

„Verflixt!", flüstert Herr Robe.
„Das ist ja Rollo,
das Pony meiner Tochter!"

Rollo schmecken die Möhren.
Er mampft und schmatzt
genüsslich vor sich hin.
Die beiden Männer
verhalten sich ganz still.
Sie wollen wissen,
wie Rollo aus seiner Koppel
entwischen konnte.

Als Rollo satt ist,
läuft er geradewegs
zurück zu seiner Weide.
Mit der Schnauze schiebt er
die Schlaufe hoch.
Er öffnet das Tor, geht rein
und schiebt die Schlaufe
wieder über den Pfosten.

„So ein kluges Pony!",
staunt Herr Robe.
„Da muss ich wohl
ein Schloss
an das Tor machen."

Ein rätselhaftes Hoffest

Auf dem Müllerhof
steht das große Sommerfest
vor der Tür.
Dieses Jahr wollen Tom und Paul
mit den Ponys
eine Parade einüben.

Ihre Eltern sind begeistert.
Gleich am Nachmittag
trainieren die beiden Brüder
mit den fünf Shetlands.
„Alle aufstehen!", brüllt Paul.
Tom ordnet die Ponys in eine Reihe.
Dann bekommt jedes
eine Decke mit Buchstaben
übergeworfen.

Paul hat sie gemalt.
Po-ny-hof Mül-ler,
steht jetzt da.

Nach zwei Wochen Üben
klappt die Parade
wie am Schnürchen.
Dann ist endlich
das Hoffest da.
Über hundert Besucher
hat Paul gezählt.
„Wir kommen nun
zum Höhepunkt des Tages",
verkündet Herr Müller stolz.

Jetzt ist Tom doch aufgeregt.
„Raus auf die Koppel!",
treibt er die Shetlands an.
Aber welches Pony
war noch mal an erster Stelle?
Paul ist auch ganz verwirrt.
Kaum sind sie aus dem Stall,
hält er den Tieren schon
ihre Belohnung hin.

Alles gerät
vor Aufregung
durcheinander.
„Mama, was heißt denn
NY-MÜL-HOF-LER-PO?",
ruft ein kleines Mädchen.
Tom schämt sich.
Aber dann hat er
die rettende Idee.

Im Nu klettert er auf den Zaun.
„Liebe Gäste!
Was bedeutet
NYMÜLHOFLERPO?",
ruft er in die Runde.
„Wer es zuerst rauskriegt,
gewinnt eine Reitstunde!"

Majas erster Sprung

Jeden Dienstag reiten
Maja und ihre Freundinnen
mit den Pferden
vom Ponyhof aus.

Am liebsten reitet Maja auf Lexa.
Lexa ist fast schwarz.

Morgen in der Halle wird Maja
zum ersten Mal springen.
Sie ist schon ganz aufgeregt,
wenn sie daran denkt.

Ob alles gut gehen wird?
Was, wenn sie herunterfällt?

Im Wald ist es schön kühl.
Lexas Hufe rascheln im Laub.

Ein Eichhörnchen kreuzt den Weg.
Das Pony weicht schnell aus.
Hier im freien Gelände
muss man gut aufpassen.

An einem Busch
wachsen Blaubeeren.
Sie sind dick, dunkel und saftig.

Maja springt von Lexas Rücken
und pflückt eine Handvoll.
Hmmm, wie lecker!

Da bemerkt Maja,
dass sie sich vertrödelt hat.
Sie sieht und hört
die anderen nicht mehr.

Maja steigt schnell wieder auf.
„Lauf, Lexa!", ruft sie.

Plötzlich heult eine Motorsäge
ganz in der Nähe auf.
Lexa erschrickt
und rast blindlings los.

„Brrr, nicht so schnell!",
ruft Maja.

Doch Lexa gehorcht nicht.
Sie wird immer schneller!
Maja kann sich kaum halten.

Da sieht sie den Stamm.
Er liegt quer über dem Pfad.
„Brrr, Lexa, steh!"

Aber Lexa bremst nicht,
sondern galoppiert
auf den Stamm zu.

Majas Herz klopft schneller.
Sie nimmt die Zügel kürzer.
„Spring, Lexa!"
Und Lexa springt ...

Lexas Hufe landen sicher
hinter dem Stamm.
Maja atmet erleichtert auf.

Plötzlich wird ihr klar:
Das war ihr erster Sprung!
Und sie sitzt noch im Sattel!
Jetzt freut sie sich auf morgen.

Maries Trick

Heute sind Carlotta und Marie
auf dem Ponyhof angekommen.

Carlotta war schon oft hier.
Aber für Marie ist alles neu.
Ob die Ponys sie mögen werden?

Schon rennt Carlotta
an Marie vorbei auf die Koppel.

„Sternchen, Flocki, Tara",
ruft sie.
„Kennt ihr mich noch?"

Tatsächlich:
Die drei Ponys
wiehern freudig!

Sie lassen sich von Carlotta
die Nüstern streicheln
und die dichten Mähnen kraulen.
Carlotta lächelt stolz.

Marie steht allein am Gatter.
Keiner beachtet sie.

Carlotta nicht.
Und die Ponys auch nicht.

So hat sich Marie
die Ferien auf dem Ponyhof
nicht vorgestellt!

Aber dann
hat Marie eine Idee!

Nach dem Abendbrot
schleicht sie heimlich
hinaus zu den Ställen …

Am nächsten Morgen
traben Sternchen,
Flocki und Tara
an Carlotta vorbei …

… und drängen sich um Marie.
„Na, das ging aber schnell",
staunt Carlotta.

Auch die Reitlehrerin
wundert sich.

„Verrätst du mir
deinen Trick?", fragt sie.

Aber Marie
zuckt nur mit den Schultern
und versteckt rasch
ihr Gesicht in Taras Mähne.

Am Nachmittag ziehen Wolken auf.
Carlotta fröstelt.

Sie ruft Marie zu:
„Ich hole unsere Jacken
von oben!"

Marie nickt.
Aber dann erschrickt sie.
Schnell rennt sie Carlotta nach.

Zu spät! Carlotta hat
die vielen Zuckerstücke
in Maries Jacke schon entdeckt.

„Mensch, Marie,
wir dürfen den Ponys
doch keinen Zucker geben!",
sagt sie vorwurfsvoll.

Marie schluckt.

„Ich wollte doch nur,
dass mich Sternchen,
Flocki und Tara gernhaben.
So wie dich!"

„Das kommt von ganz allein –
auch ohne Zucker", sagt Carlotta.

„Du musst
ein bisschen Geduld haben."
Marie nickt.

Und dann gehen sie
zurück zu den Ponys.
Arm in Arm.

Nur ein Missverständnis

Heute hat Angela
ihre erste Reitstunde.
Sie ist viel zu früh da.
Maria, die Reitlehrerin,
gibt noch Unterricht.

Angela geht zur Weide,
auf der ein weißes Pony grast.
Sie setzt sich
am Zaun ins Gras
und beobachtet das Pony.

Die Sonne scheint warm
auf Angelas Rücken.
Sie schließt die Augen
und träumt vom Reiten.
Plötzlich zupft jemand
von hinten an ihrem T-Shirt.
„Aufhören!", brummt sie.
Aber das Zupfen
hört nicht auf.

Angela fährt herum.
Ganz dicht vor ihr
ist ein riesiger Ponykopf.
Vor Schreck schlägt sie
die Hände vors Gesicht.

Dabei haut sie dem Pony
aus Versehen auf die Nase.
Das Pony erschrickt auch –
und schnappt zu.
Dann galoppiert es davon.

Maria hat
Angelas Schrei gehört
und kommt herbeigelaufen.
Angelas Arm tut sehr weh.
Angela weint.
„Ich will heim", schluchzt sie.
„Ich will gar nicht mehr
reiten lernen!
Ponys sind schreckliche Tiere!"

Maria nimmt
Angela in den Arm.
„Ich glaube,
das war ein Missverständnis",
sagt sie.
„Komm mal mit.
Ich stelle dir das Pony vor."
Zögernd geht Angela mit.
Als das Pony Maria sieht,
kommt es
sofort angetrottet.

„Das ist Willi",
sagt Maria.
„Willi ist furchtbar neugierig.
Er wollte dir nicht wehtun.
Hier, gib ihm eine Möhre."

Maria hält Willi am Halfter fest.
Zaghaft streichelt Angela das Pony.
Sein Maul ist ganz weich.
Willi pustet warmen Atem
auf Angelas Hand.

Das fühlt sich schön an.
„Möchtest du morgen mal
auf Willi reiten?",
fragt Maria.
Angela nickt.
Maria hatte recht:
Willi ist wirklich
ein nettes Pony.

Was ist los mit Sommerwind?

Sommerwind ist das liebste Pony,
das finden alle auf dem Ponyhof.

Sommerwind versteht sich gut
mit den anderen Ponys
und die Stallkatze Mia darf sogar
in Sommerwinds Box schlafen.

Nina will ihr Lieblingspony
für den Ausritt holen.

Sie bemerkt gleich,
dass Mias Junge heute
ganz allein im Stroh liegen.
Dabei sind die Kätzchen
noch so klein!

„Wo kann Mia nur sein?",
überlegt Nina.
Aber alles Suchen nützt nichts.

Nina sattelt Sommerwind
und führt ihn nach draußen,
wo die anderen schon auf sie warten.

Das Pony wiehert unruhig
und scharrt mit den Hufen.

Reitlehrer Kai wundert sich:
„Was ist denn mit Sommerwind los?
Willst du heute wirklich
auf ihm ausreiten?"

„Na klar!", sagt Nina gleich.
„Er ist doch mein Lieblingspony."

Kaum sitzt Nina im Sattel,
saust Sommerwind auch schon los.

„Wartet doch auf uns!",
hört Nina den Reitlehrer rufen.

„Brrr", befiehlt sie laut,
aber erst am See
bleibt das Pony endlich stehen.

Nina sitzt ab und versucht,
Sommerwind zu beruhigen.

Er wiehert laut
und wirft den Kopf zurück.
Warum ist er nur so aufgeregt?

Dann sieht Nina es auch:
Auf dem See treibt ein Ruderboot –
und darin sitzt die Katze Mia.
Sie schreit ganz jämmerlich!

Nina zieht das Boot an Land.

Nina bringt die zitternde Katze
zurück zu ihren Jungen.

Ganz brav trottet Sommerwind
hinter den beiden her.

„Gut, dass du uns
zum See geführt hast!",
lobt Nina ihren Sommerwind.

Das liebste Pony vom Ponyhof
hat sich seine Extrakarotte
heute wirklich verdient!

Wer hätte das gedacht?

Detta zog
ein langes Gesicht.
Schon seit Tagen regnete es.
Bei dem Wetter
konnten Miriam und sie
unmöglich ausreiten.
Da klingelte das Telefon.
Detta hob ab.

„Hallo, Detta!",
rief Miriam gut gelaunt.
„Stell dir vor,
ich hab einen Pony!"
Sofort war Dettas
schlechte Laune
wie weggeblasen.
„Seit wann?",
rief sie aufgeregt in den Hörer.

„Seit eben!",
antwortete Miriam.
„Aber, aber ...",
stammelte Detta hektisch.
„Wie sieht es denn aus?"
„Toll!",
erwiderte Miriam.
„Ich bin ja so gespannt,
was du sagst! Kommst du?"

Wenige Minuten später
eilte Detta durch den Regen.
Miriam hatte ein Pony bekommen!
Aber wie sah es wohl aus?
Gescheckt?
Braun, schwarz oder weiß?
Und wie mochte es wohl heißen?
Völlig außer Atem klingelte sie.

Miriam öffnete sofort.
„Also, wo ist es?",
fragte Detta ungeduldig.
„Na hier!",
antwortete Miriam
und zeigte auf ihre Stirn.

Detta schaute ihre Freundin
verständnislos an.
„Ich war beim Friseur",
erklärte Miriam jetzt.
„Ich habe einen Pony!"

Detta stöhnte auf
und fasste sich an den Kopf.
„Und ich dachte,
du hättest ein Pony bekommen!
Was für einen Unterschied
zwei kleine Buchstaben
doch machen können!"

Ein Pony bedankt sich

Auf dem Sonnenhof
sind in diesem Jahr
vierzig Kinder!
Marie und 39 andere.
Jeden Tag machen sie
eine Menge Quatsch
zusammen.

Aber heute ist
nicht das leiseste Lachen
zu hören.
Nevada müsste eigentlich
seit Tagen fohlen.
Doch irgendetwas stimmt nicht.
Bauer Huber
sieht sehr besorgt aus.

„Wenn das Fohlen
nicht bald da ist,
muss der Tierarzt kommen",
sagt er zu Marie.
Sofort trommelt sie alle Kinder
in der Reithalle zusammen.
„Es steht schlecht um Nevada",
erklärt sie den anderen.

„Aber wir können
doch nichts tun, oder?",
ruft ein Junge mit Brille.
„Doch!", widerspricht Marie.
„Wir können Blumen pflücken.
Dann merkt Nevada,
wie fest wir an sie denken!"

Eine halbe Stunde später
liegen vierzig Sträuße
vor Nevadas Box.
Marie kann vor lauter Sorgen
gar nicht weggehen.
Plötzlich hört sie
Bauer Huber jubeln.
„Na bitte, meine Beste!"

Mit klopfendem Herzen
schielt Marie über die Boxentür.
Neben Nevada liegt
ein kleines braunes Bündel.
Der Bauer hat es schon
mit Stroh abgerieben.
„Nevada möchte sich bei euch
für die Blumen bedanken", sagt er.
„Und *du* darfst ihrem Fohlen
den Namen geben!"

Marie geht vorsichtig in die Box
und streichelt dem Kleinen
zart über die Schnauze.
Sie hat keine Zweifel:
„So süß, wie du aussiehst,
kannst du nur Karamell heißen!"

Bären mit vier Hufen

Fabia liebt Ponys.
Am liebsten hätte sie
ein eigenes.

Ihr Bruder Tim findet Ponys blöd.
Viel zu klein.
Viel zu schwach.
Bären, die sind toll!

In den Ferien fahren sie
auf einen Ponyhof.
Fabia läuft sofort in den Stall.

Tim stöhnt: „Wie langweilig!"
Da entdeckt er die Stämme.

Der Ponyhof grenzt
an einen großen Wald.
Lange Stämme
liegen sauber auf einem Stapel.

Tim strahlt.
Hier kann er Indianer spielen!

Die Bleichgesichter greifen an!
Tim hüpft von Stamm zu Stamm.

Da passiert es:
Die Stämme kommen ins Rollen.
Tims Bein gerät in einen Spalt.
Er steckt fest!

Fabia und der Bauer
hören Tims Schreie.

Schnell spannt der Bauer
zwei Ponys vor die Kutsche.
Hü-hott!
Die Kutsche braust los.

Fabia ist besorgt.
Tim ist ganz blass im Gesicht.

Der Bauer spannt eine Kette
von den Ponys zum Stamm.
Auf seinen Ruf hin
ziehen die Pferde an.

Der Stamm bewegt sich!
Tims Bein ist wieder frei.

Mit der Kutsche
fahren sie zurück zum Hof.
Die Eltern sind erleichtert.
Was für ein Abenteuer!

Beim Abendbrot fehlt Tim.
Fabia läuft in den Stall.

Tim steht bei seinen Rettern.
Er gibt jedem einen Apfel.
„Danke", sagt er.
„Ihr seid bärenstark!"

Die Neue auf dem Ponyhof

Nina stößt ihren Freund Kai an:
„Schau mal, die Neue:
Reithose, Jacke, Stiefel …
alles vom Feinsten!"

Kai nickt.
„Die passt
hier gar
nicht rein."

„Hoffentlich macht die Angeberin
unseren Ausritt nicht mit",
flüstert Nina – und erstarrt.

Das darf doch nicht wahr sein:
Die Neue sattelt ja *ihren* Pepe!

„Das ist mein Pony!",
giftet Nina.

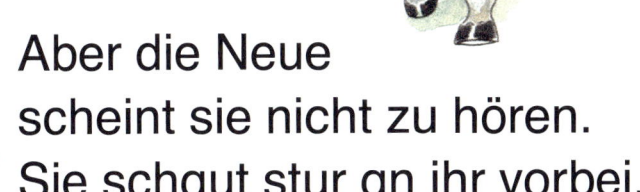

Aber die Neue
scheint sie nicht zu hören.
Sie schaut stur an ihr vorbei.

Da ruft Caro, die Reitlehrerin:
„Nina, nimmst du bitte Bambi?
Sophie reitet heute Pepe."

Nina schäumt.
Grinst die Neue etwa?

Na warte,
die kann was erleben …
Nina flüstert Kai etwas zu.

Wenig später
sitzen alle auf.
Es geht los.

„Lass uns an der alten Scheune vorbeireiten, Caro!", bittet Nina.

„Dort ist es so schön!"
Nina und Kai zwinkern sich zu.

„Na gut, dann biegen wir da vorne links ab", sagt Caro.

„Verflixt,
seit wann ist die Scheune
denn rot gestrichen?",
ruft Caro aufgeregt.

Aber keiner antwortet.

Denn Pepe wiehert laut,
steigt und wirft die Neue
aus dem Sattel.

Sofort springt Caro
vom Pferd und eilt
zu Sophie.
„Bist du verletzt?",
fragt sie besorgt.

Die Neue stöhnt leise,
aber sie steht tapfer auf.
„Alles in Ordnung.
Wir können weiter."

Nina und Kai schauen
sich erschrocken an:
Das hätte schlimm
ausgehen können!

Langsam reiten sie
zurück zum Ponyhof.

Als die Ponys versorgt sind,
holt Nina tief Luft
und sagt zu Sophie:

„Pepe reagiert
immer so auf Rot.
Und ich …" Sie stockt.

„Du wusstest, dass die Scheune
jetzt rot ist?", fragt Sophie.

Nina schaut zu Boden.
„Es tut mir so leid!", flüstert sie.
„Das war total bescheuert von mir."

Die Neue nickt. „Stimmt!
Aber ich war auch nicht nett zu dir.
Weißt du, es ist alles so schwierig,
wenn man keinen kennt."

Nina lächelt ihr zu.
„Jetzt kennst du ja mich."
Sie streckt Sophie
die Hand hin …

… und die Neue schlägt ein!

Ein Wunder!

Schon seit fünf Jahren
macht Ilka jeden Sommer
Ferien auf dem Deichhof.
Aber diesmal ist Onkel Klaas,
der Besitzer des Ponyhofs,
ziemlich muffelig.

Eines Morgens geht Ilka
in der Reithalle auf ihn zu.
„Was ist los, Onkel Klaas?",
fragt sie ihn.
Klaas starrt zu Boden.
„Wir haben zu wenig Gäste",
stöhnt er.
„Wenn kein Wunder geschieht,
müssen wir den Hof schließen!"

Ilka schluckt.
„Das darf nicht passieren!",
platzt sie heraus.
Onkel Klaas zuckt nur
mit den Schultern.
Traurig geht Ilka auf die Koppel.
Die Ponys Teddy, Fritzchen
und Samson wiehern fröhlich.

„Und was wird aus euch?",
denkt Ilka verzweifelt.
„Nein!", ruft sie so laut,
dass Fritzchen erschrickt.
Denn jetzt hat sie eine Idee!
Mit ihrer Digitalkamera
macht Ilka Fotos von den Ponys.

Dann schleicht sie sich
heimlich ins Büro.
Dies ist eine Rettungsaktion
für den Deichhof,
schreibt Ilka an ihre Freundinnen.
Jede muss die Fotos
an fünf Freundinnen schicken.
Aber besser noch,
ihr kommt gleich alle her
und lernt reiten!

Zwei Tage später
stürmt Onkel Klaas in die Halle.
„Das Telefon steht
gar nicht mehr still!",
wundert er sich.
„Wir bekommen eine Anmeldung
nach der anderen!"

Schmunzelnd streichelt Ilka
Fritzchen über die Nase.
„Tja", antwortet sie.
„Das muss wohl
das Wunder vom Deichhof sein!"

Ein Esel auf dem Ponyhof!

Tino ist der einzige Esel
auf dem Ponyhof.

Immer wenn die Ponys
vor die Kutschen gespannt werden,
stellt sich Tino dazu.
Er liebt den Klang der Glöckchen.

Doch jedes Mal
wird Tino weggeschickt.
Denn er ist ja kein Pony.

Jakob möchte unbedingt
mit einer Kutsche fahren.

Aber er hat nur genug Geld
für einen Ritt auf dem Esel Tino.
„Schade", sagt Jakob enttäuscht.
Trotzdem trottet er auf Tino los.

Oben am Hügel sieht Jakob ein
Mädchen mit Puppenwagen stehen.
Es winkt der Ponykutsche zu.

Da! Der Puppenwagen
rollt den Hügel hinab.
Das Mädchen schreit:
„Hilfe! Mein Baby!"

Jakob brüllt: „Tino, schnell!"
Der Esel spürt die Aufregung
und rast los.

Tino springt über einen Zaun
und bleibt dann plötzlich stehen.
Jakob kann sich nicht mehr halten.
Er landet auf einem Heuhaufen.

Mit den Händen packt Jakob
den rollenden Puppenwagen.

Tino tönt: „I-a! I-a!"
Jakob reibt sich den Po.

Weinend kommt
das Mädchen angerannt.
Jakob überreicht ihm stolz
die gerettete Babypuppe.

Zur Belohnung darf Jakob
mit der Kutsche zurückfahren.

„Aber ich möchte kein Pony
vor der Kutsche", lacht Jakob.
„Tino darf mich ziehen!"
„I-a! I-a!", freut sich Tino.

Tombola

Schweren Herzens steht Maja
am Sonntagmorgen auf.
Heute ist ihr letzter Tag
auf dem Ponyhof!
Mit hängendem Kopf
geht sie in den Stall.
Zimtstern wartet schon
ganz sehnsüchtig.

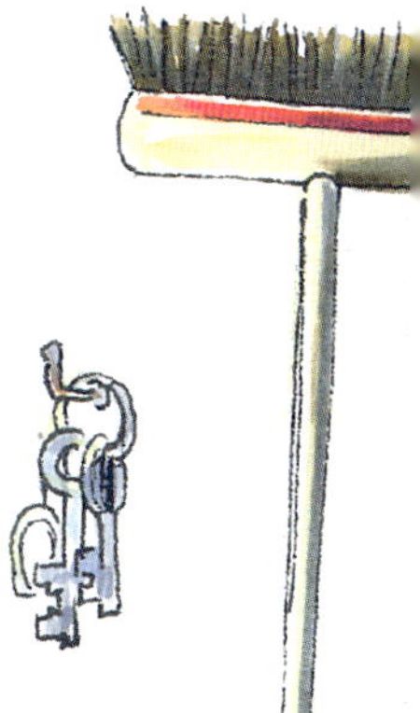

Maja streichelt
ihrem Lieblingspony den Hals.
Die Woche ist wirklich
wie im Flug vergangen.
„Komm, mein Süßer",
flüstert Maja dem Pony ins Ohr.
Ein letztes Mal schnallt sie ihm
den Sattel fest.

Dann führt sie Zimtstern
auf die Reitbahn
und steigt in den Sattel.
Lange reitet Maja im Kreis.
Seit zwei Tagen
darf sie das schon alleine.
Die ganze Zeit über schüttet sie
Zimtstern ihr Herz aus.
„Wenn ich dich
doch mitnehmen könnte!",
seufzt Maja.

Aber es hilft alles nichts.
Mittags kommen die Eltern,
um alle Kinder abzuholen.
„Überraschung!", ruft da Katja,
ihre Lehrerin.
„Zum Abschied machen wir
eine große Tombola.
Jedes Los gewinnt!"
Erst will Maja gar nicht
in den Topf greifen.

Aber als Zimtstern sie
mit seiner warmen Schnauze
vorsichtig anstupst,
zieht sie doch ein Los.
„Zimtstern, du bist Gold wert!",
jubelt Maja plötzlich los.
„Gratuliere!", ruft auch Katja.
„Das ist der Hauptgewinn:
noch eine Woche Reiterferien!"

Quellenverzeichnis

S. 9–16
Karen Christine Angermayer,
Romy weiß, was sie will,
aus: dies., Lesetiger-Ponyhof-
geschichten,
farbig illustriert von Marina Krämer.
© 2012 Loewe Verlag GmbH, Bindlach

S. 17–23
Katja Reider, *Ein glücklicher Gewinner*,
aus: dies., Lesetiger-Ponygeschichten,
farbig illustriert von Lisa Althaus.
© 2015 Loewe Verlag GmbH, Bindlach

S. 24–31
Sabine Rahn, *Ein Pony beim Frisör*,
aus: dies., Lesepiraten-Ponygeschichten,
farbig illustriert von Dorothea Ackroyd.
© 2001 Loewe Verlag GmbH, Bindlach

S. 32–38
Alexandra Fischer-Hunold,
Hamlet wird berühmt,
aus: dies., Lesepiraten-
Ponyfreundegeschichten,
farbig illustriert von Silke Voigt.
© 2006 Loewe Verlag GmbH, Bindlach

S. 39–46
THiLO, *Schöne Ferien!*,
aus: ders., Lesepiraten-
Ponyhofgeschichten,
farbig illustriert von Heike Wiechmann.
© 2009 Loewe Verlag GmbH, Bindlach

S. 47–53
Katja Reider, *Ein Fohlen für Feline*,
aus: dies., Lesetiger-Ponygeschichten,
farbig illustriert von Lisa Althaus.
© 2015 Loewe Verlag GmbH, Bindlach

S. 54–64
Karen Christine Angermayer,
Der Apfeldieb,
aus: dies., Lesetiger-
Ponyhofgeschichten,
farbig illustriert Marina Krämer.
© 2012 Loewe Verlag GmbH, Bindlach

S. 65–71
Alexandra Fischer-Hunold,
Geräusche in der Nacht,
aus: dies., Lesepiraten-
Ponyfreundegeschichten,
farbig illustriert von Silke Voigt.
© 2006 Loewe Verlag GmbH, Bindlach

S. 72–81
Bettina Göschl/Klaus-Peter Wolf,
Schneeflocke – Eine neue Freundin,
aus: dies., Lesetiger-
Ponyhofgeschichten,
farbig illustriert von Antje Flad.
© 2003 Loewe Verlag GmbH, Bindlach

S. 82–88
Sabine Rahn, *Wer ist der Möhrendieb?*,
aus: dies., Lesepiraten-Ponygeschichten,
farbig illustriert von Dorothea Ackroyd.
© 2001 Loewe Verlag GmbH, Bindlach

S. 89–94
THiLO, *Ein rätselhaftes Hoffest*,
aus: ders., Lesepiraten-
Ponyhofgeschichten,
farbig illustriert von Heike Wiechmann.
© 2009 Loewe Verlag GmbH, Bindlach

S. 95–103
Karen Christine Angermayer,
Majas erster Sprung,
aus: dies., Lesetiger-
Ponygeschichten,
farbig illustriert von Marina Krämer.
© 2012 Loewe Verlag GmbH, Bindlach

S. 104–114
Katja Reider, *Maries Trick*,
aus: dies., Lesetiger-Ponygeschichten,
farbig illustriert von Lisa Althaus.
© 2015 Loewe Verlag GmbH, Bindlach

S. 115–121
Sabine Rahn, *Nur ein Missverständnis*,
aus: dies., Lesepiraten-Ponygeschichten,
farbig illustriert von Dorothea Ackroyd.
© 2001 Loewe Verlag GmbH, Bindlach

Das will ich Lesen!

ISBN 978-3-7432-1426-2   ISBN 978-3-7432-1295-4

ISBN 978-3-7432-1073-8   ISBN 978-3-7432-0709-7

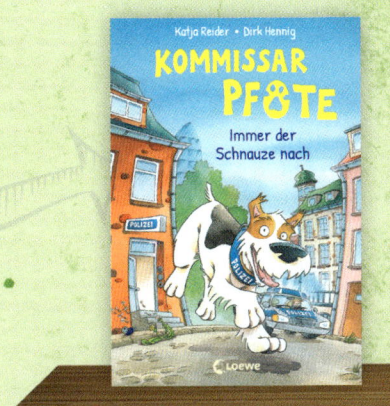

ISBN 978-3-7432-0608-3

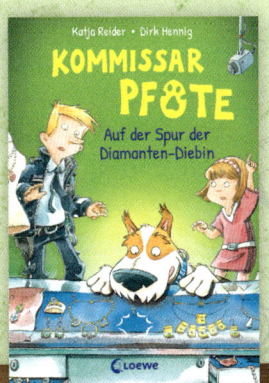

ISBN 978-3-7432-0654-0

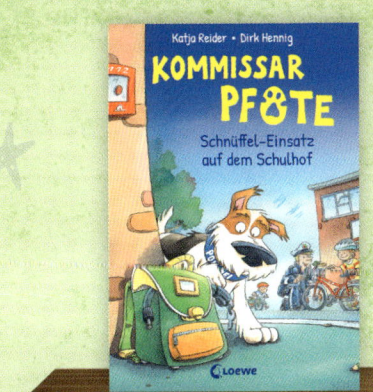

ISBN 978-3-7432-0655-7

ISBN 978-3-7432-1156-8

Noch mehr Lesespaß!

ISBN 978-3-7432-0356-3   ISBN 978-3-7432-0357-0

ISBN 978-3-7432-1196-4   ISBN 978-3-7432-1197-1

Unser **Kinderbuch-Newsletter** bietet **alle Infos** zu Neuerscheinungen und tollen **Veranstaltungen**, **exklusive Gewinnspiele** und vieles mehr!

Jetzt kostenlos abonnieren:
www.loewe-verlag.de